D1601757

Chef Jorge Luis Álvarez Vega

Antojitos
mexicanos

LAROUSSE

DIRECCIÓN EDITORIAL
Tomás García Cerezo

EDITORES RESPONSABLES
César Mendoza Olivos, Verónica Rico Mar

ASISTENTE EDITORIAL
Gustavo Romero Ramírez

FOTOGRAFÍA
Beatríz Cárcamo Orozco / Archivo JM Editorial

DISEÑO Y FORMACIÓN
Mariano Lara Hernández, Rossana Treviño Tobías, Ricardo Viesca Muriel

PORTADA
Ediciones Larousse, S.A. de C.V.,
con la colaboración de Pacto Publicidad, S.A. de C.V.

© 2008 Ediciones Larousse, S.A. de C.V.
Renacimiento núm. 180, Col. San Juan Tlihuaca, Del. Azcapotzalco, C. P. 02400, México D. F.

ISBN 978-970-22-2209-5

Primera edición, 7 ªreimpresión

Significado de los símbolos

costo: barato
razonable
caro

dificultad: muy fácil
fácil
difícil

Este libro se terminó de imprimir en octubre de 2013
en los talleres de Edamsa Impresiones S.A. de C.V.
Av. Hidalgo No. 111, Col. Fracc. San Nicolás Tolentino,
Del. Iztapalapa, C.P. 09850, México, D.F.

MARCH 2018

Presentación

Hablar de antojitos es hablar de algo sabroso. Pero también es hablar del aprecio por la cocina y de otra cara de nuestra gastronomía: esa que no requiere de horas de preparación, la que sólo necesita de gusto para elaborarla y creatividad para venderla.

En este libro presentamos recetas que nos hacen entender sus sabores, sus texturas, sus presentaciones y su impresionante adaptación a la vida actual, conservando al mismo tiempo nuestras raíces prehispánicas, una característica que muy pocas cocinas del mundo tienen.

Muestras de ello son el uso del comal, utensilio básico e imprescindible para la preparación de casi todos nuestros antojitos, y las técnicas de elaboración, que no tienen nada qué ver con las normas mundiales, ya que la forma de realizarlos son únicas del arte culinario mexicano.

En estas páginas, el lector encontrará un homenaje a los puestos callejeros, a las cocinas económicas y a los establecimientos donde todos hemos comido alguna vez, en ocasiones sin platos ni cubiertos, a cualquier hora del día o de la noche, entre las comidas principales o en lugar de ellas...

Además, para dignificar esos exquisitos sabores de antaño que han trascendido a las nuevas generaciones, siempre estoy en la búsqueda y divulgación de nuestros antojitos, que no saben de clases sociales y que de alguna manera logran una breve pero sabrosa convivencia entre quienes los saboreamos.

Es tiempo de darle a nuestra cocina de todos los días el mérito que merece, ya que —si bien es muy conocida— no se ha valorado lo suficiente. Estas recetas son sólo una muestra de lo mucho que ofrece nuestra cocina tradicional, elegidas de entre las más representativas y de aquellas cuya preparación resulta muy sencilla.

Sólo queda señalar que esta cocina siempre estará con nosotros, en nuestras calles y en nuestras tradiciones, porque es la más sabrosa, socorrida y exquisita del mundo.

Chef Jorge Luis Álvarez Vega

Sumario

Los hijos del maíz 7

Con las manos en la masa. 27

Me lleva la tostada 45

Una de cal por dos de harina 61

A falta de pan... tortillas. 77

Los placeres de la carne 89

Índice 96

Los hijos del maíz

Chalupas poblanas verdes y rojas 8

Panuchos tradicionales 10

Panuchos acapulqueños 12

Salbutes chilangos 14

Quesadillas potosinas 16

Quesadillas de flor de calabaza 18

Quesadillas gracianas 20

Quesadillas de frijol y longaniza 22

Garnachas de albañil 24

Preparación: 30 min
Cocción: 15 min
Dificultad: 𝄞
Costo: ⚱

Chalupas poblanas verdes y rojas

Ingredientes para 30 chalupas

Salsa verde

12 tomates verdes medianos

agua, la necesaria

2 chiles serranos

2 dientes de ajo, pelados

3 ramas de cilantro

sal al gusto

Salsa roja

5 jitomates

agua, la necesaria

2 chiles serranos

2 dientes de ajo, pelados

sal al gusto

Tortillas

½ kg de masa para tortillas

agua, la necesaria

150 g de manteca requemada, caliente

4 cebollas chicas, picadas finamente

300 g de falda de cerdo (cocida con
¼ de cebolla, 1 diente de ajo y
½ cucharadita de sal, y deshebrada)

Procedimiento

Salsa verde

- Cueza los tomates en suficiente agua que los cubra, junto con los chiles, los ajos y el cilantro; licue todo con un poco de sal, reserve.

Salsa roja

- Para la salsa roja, cueza los jitomates en suficiente agua que los cubra, junto con los chiles y los ajos; licue todo con un poco de sal, reserve.

Tortillas

- Revuelva la masa con un poco de agua y amase hasta que se suavice; elabore tortillas chicas y delgadas (de 8 cm de diámetro) y cuézalas sobre un comal de lámina.

- Báñelas con manteca y cualquiera de las dos salsas, añada cebolla y carne, rocíe un poco más de manteca y sirva de inmediato.

Una manera más práctica es comprar tortillas para tacos al pastor o, en su defecto, de tamaño regular y cortarlas con un aro de 8 cm (elabore una sopa de tortilla con el sobrante) para después bañarlas con la manteca y seguir el proceso arriba indicado.

Panuchos tradicionales

Ingredientes para 6 panuchos

250 g de masa para tortillas

agua la necesaria

½ taza de frijoles refritos

aceite el necesario

250 g de cochinita pibil desmenuzada,
    con suficiente salsa donde se cocinó
    (ver pág. 94)

150 g de cebolla morada preparada
    (ver pág. 94)

Procedimiento

· Suavice la masa con un poco de agua; tome porciones de 40 g, colóquelas en una tortilladora y presione para aplanarlas (procure dejarlas un poco gruesas).

· Caliente un comal, cueza las tortillas por un lado; cuando la orilla esté ligeramente cocida, voltéelas para que terminen de cocerse, retire y deje entibiar.

· Abra cada tortilla por la mitad a lo horizontal, levantando la telita o capa delgada; unte el interior con frijoles refritos y ciérrelas.

· A fuego medio, caliente suficiente aceite y fríalas por ambos lados, sumérjalas en la salsa de la cochinita, escúrralas, regrese al comal caliente y póngales encima dos cucharadas de cochinita pibil y un poco de cebolla morada preparada; sirva de inmediato.

Una tortilla elaborada con masa de calidad y ligeramente salada tiende a inflarse al darle la vuelta sobre el comal, lo que facilita el desprendimiento de la "telita" o capa delgada de la superficie. Procure no utilizar masa seca o muy fresca.

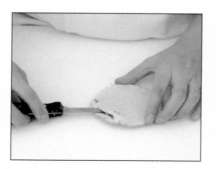

Panuchos acapulqueños

Ingredientes para 10 panuchos

Salsa
460 g de jitomate asado
1 cebolla mediana asada
5 chiles serranos asados
sal al gusto
manteca, la necesaria

Cebolla
125 ml de vinagre
sal al gusto
1 cebolla grande picada finamente

Frijoles refritos
230 g de frijoles negros cocidos
50 g de manteca
1 cebolla chica picada finamente
2 chiles serranos, asados y picados finamente
5 hojas de epazote

Pescado
1 ½ ℓ de agua
1 cebolla mediana en trozos
sal al gusto
460 g de filete de cazón
3 cucharadas de aceite

Panuchos
20 tortillas de 8 cm de diámetro
manteca, la necesaria
50 g de queso añejo rallado

Procedimiento

Salsa
• Licue el jitomate, la cebolla, los chiles y sal; caliente un poco de manteca, cuele y fría hasta que espese, reserve.

Cebolla
• A fuego bajo, caliente el vinagre con sal, agregue la cebolla, deje hasta que se cueza, escurra y reserve.

Frijoles refritos
• Cuele los frijoles, muélalos y disuelva en un poco de caldo de cocción; caliente la manteca, fría la cebolla, los frijoles, los chiles y el epazote, hierva hasta que espese como puré, reserve.

Pescado
• Hierva el agua con la cebolla y la sal; incorpore el cazón y cueza, deje enfriar, desmenuce y fría en el aceite caliente, reserve.

Panuchos
• Unte un lado de cada tortilla con un poco de frijoles; en la mitad de ellas, coloque una cucharadita del cazón al centro, tape con otra tortilla (por el lado que tiene frijoles). Sujete con ayuda de palillos, caliente la manteca y fríalos, cuando se doren, retire y sírvalos con salsa, cebolla picada y queso rallado.

Salbutes chilangos

Ingredientes para 25 salbutes

Masa

½ kg de masa para tortillas

100 g de queso fresco o añejo, desmoronado

100 g de harina

Rajas

1 cucharada de manteca

1 cebolla mediana, cortada en medias lunas delgadas

5 chiles serranos fileteados

sal al gusto

Relleno

2 chiles guajillo asados, desvenados y remojados en 1 taza de agua caliente

¼ de cebolla chica asada

1 diente de ajo asado

2 jitomates asados

sal al gusto

2 cucharadas de aceite

1 taza de pechuga de pollo cocida y deshebrada

1 taza de falda de cerdo cocida y deshebrada

Montaje

manteca, la necesaria

Procedimiento

Masa

· Revuelva la masa, el queso y la harina hasta formar una mezcla uniforme, déjela reposar durante 30 minutos en un recipiente tapado con un trapo húmedo, reserve.

Rajas

· Caliente la manteca, saltee la cebolla, agregue los chiles y deje sofreír hasta que la primera se transparente y ambos se vean ligeramente dorados de las orillas, sazone.

Relleno

· Licue los chiles con la cebolla, el ajo, los jitomates y sal; caliente el aceite y fría las carnes, vierta lo licuado y deje hervir, sazone y mantenga al fuego hasta que se reseque un poco, retire y deje enfriar.

Montaje

· Elabore con la masa bolas de 15 g cada una, aplánelas con ayuda de una tortilladora, procure que queden delgadas; en la mitad de ellas, sirva un poco del relleno, tape con el resto de las tortillas.

· Caliente la manteca, fría las tortillas por ambos lados, retire, coloque una porción del preparado de rajas encima y sirva de inmediato.

Preparación: 1 h
Cocción: 20 min
Dificultad: 🍳🍳
Costo: ⛯⛯

Quesadillas potosinas

Ingredientes para 15 quesadillas

Cebolla desflemada

1 ½ tazas de agua

1 cucharadita de sal

2 cebollas chicas cortadas en rodajas

Masa

1 taza de agua

1 cucharadita de vinagre

3 chiles ancho asados y desvenados

sal al gusto

750 g de masa para tortillas

Relleno

150 g de tomate verde asado

750 g de jitomate asado, pelado y sin semillas

5 chiles serrano asados

1 diente de ajo asado

3 cucharadas de aceite

sal al gusto

250 g de queso fresco rallado

150 g de queso añejo rallado

Montaje

½ ℓ de aceite

Procedimiento

Cebolla desflemada

• Mezcle el agua y la sal, sumerja las cebollas por 10 minutos para que se desflemen, escurra y reserve.

Masa

• Caliente el agua, retire y vierta el vinagre, añada los chiles y deje reposar durante 30 minutos, licue con un poco de sal (debe quedar espeso) y mezcle con la masa.

Relleno

• Licue los tomates, los jitomates, los chiles serrano y el ajo; caliente el aceite y fría la salsa a fuego mínimo, deje espesar; sazone, retire, deje enfriar y revuelva con los quesos.

• Con una tortilladora, elabore las tortillas, coloque una cucharada del relleno y doble a la mitad.

Montaje

• Caliente el aceite y fría las quesadillas por ambos lados, escurra en papel absorbente y sírvalas con la cebolla desflemada.

Preparación: 20 min
Cocción: 10 min
Dificultad: 🍳
Costo: ⚖

Quesadillas de flor de calabaza

Ingredientes para 12 quesadillas

Masa

½ kg de masa de maíz azul para tortillas

1 cucharadita de manteca

½ cucharadita de sal

2 cucharadas de agua

Relleno

1 manojo de flores de calabaza, sin tallo, picadas o troceadas

1 taza de hojas de epazote

2 chiles cuaresmeño, cortados en rajas

1 cebolla grande, fileteada

sal al gusto

Montaje

manteca, la necesaria

Procedimiento

Masa

- Revuelva la masa, la manteca, la sal y el agua, amase hasta que la mezcla sea homogénea y se despegue ligeramente de las manos.

- Con una tortilladora, elabore las tortillas; caliente un comal o sartén y cuézalas por ambos lados, reserve.

Relleno

- Revuelva la flor de calabaza, el epazote, las rajas y la cebolla, agregue sal y reserve.

Montaje

- Disponga una porción del relleno sobre el comal caliente, vierta una cucharada de manteca sobre ésta, fría ligeramente y coloque en la tortilla, dóblela y fría por ambos lados con un poco más de manteca, sirva de inmediato.

Si la masa está muy seca, agregue más agua, procurando que no quede muy aguada.

Preparación: 30 min
Cocción: 10 min
Dificultad:
Costo:

Quesadillas gracianas

Ingredientes para 9 quesadillas

Relleno

1 cucharada de manteca

1 cebolla chica picada finamente

350 g de flores de calabaza sin tallo, limpias

½ taza de crema

sal al gusto

50 g de queso fresco desmoronado

Masa

250 g de masa para tortillas

50 g de queso fresco, rallado finamente

1 cucharada de crema

50 g de harina de trigo cernida

1 cucharadita de polvo para hornear cernido

1 cucharadita de sal

1 cucharadita de manteca

agua, la necesaria

Montaje

150 g de manteca

1 taza de salsa verde cocida

Procedimiento

Relleno

• Caliente la manteca, acitrone la cebolla hasta que se transparente, reduzca el fuego al mínimo, agregue las flores, la crema y sazone; cuando esté todo cocido, incorpore el queso, retire, mezcle y reserve.

Masa

• Revuelva la masa, el queso y la crema; mezcle la harina y el polvo para hornear, agréguelos junto con la sal, la manteca y suficiente agua como para formar una masa suave.

Montaje

• Elabore las tortillas a mano o con una tortilladora, coloque una porción del relleno al centro de las mismas, doble a la mitad como empanada; caliente la manteca y fría hasta que empiecen a dorar, retire y sirva con salsa verde cocida.

Preparación: 30 min
Cocción: 20 min
Dificultad: ♟ ♟
Costo: ⚖ ⚖

Quesadillas de frijol y longaniza

Ingredientes para 10 quesadillas

Guarnición

1 lechuga orejona, fileteada finamente
8 cucharadas de aceite
4 cucharadas de vinagre
sal al gusto
1 aguacate rebanado

Masa

2 chiles ancho, asados y desvenados
½ taza de agua caliente
1 diente de ajo asado
1 cucharadita de comino
sal al gusto
½ kg de masa para tortillas
50 g de harina

Relleno

3 cucharadas de aceite
½ kg de longaniza picada finamente
200 g de frijoles negros cocidos

Montaje

aceite, el necesario

Procedimiento

Guarnición

· Revuelva la lechuga con el aceite, el vinagre y sal hasta integrar, reserve a temperatura ambiente.

Masa

· Remoje los chiles en el agua hasta que se suavicen; licue con el ajo y el comino, sazone y mezcle con la masa y la harina, reserve.

Relleno

· Caliente el aceite y fría la longaniza; licue los frijoles e intégrelos, mezcle de vez en vez y mantenga hasta que se reduzca y se forme una pasta; retire y deje enfriar.

· Forme bolas de masa de 50 g, aplánelas con una tortilladora, coloque un poco del relleno al centro y doble (moje ligeramente la orilla para unirla), reserve.

Montaje

· Caliente suficiente aceite, fría las quesadillas, escurra en papel absorbente y sírvalas calientes; acompañe con la guarnición.

Garnachas de albañil

Ingredientes para 18 garnachas

Salsa

200 g de jitomate asado

2 chiles chipotle en adobo

50 g de cacahuate limpio

sal al gusto

Fritura

4 cucharadas de aceite

18 tortillas chicas

Decoración

½ taza de crema

1 cebolla chica, picada finamente

Procedimiento

Salsa

- Licue el jitomate con los chipotles, los cacahuates y sal, reserve

Fritura

- Caliente el aceite y fría cada tortilla mientras les coloca encima una cucharada de salsa, una de crema y un poco de cebolla picada, escúrralas un poco y sirva de inmediato.

Si utiliza masa (250 g) en vez de tortillas, revuélvala con 2 cucharadas de agua, 1 cucharada de manteca y ½ cucharadita de sal; amase hasta que se suavice, enseguida elabore las tortillas lo más delgado posible.

Con las manos en la masa

Pellizcadas 28

Sopes de chicharrón prensado 30

Infladas defeñas 32

Gorditas de chicharrón 34

Molotes veracruzanos 36

Tlacoyos de frijol y comino 38

Tlacoyos tradicionales de haba 40

Pantuflas 42

Pellizcadas

Ingredientes para 10 pellizcadas

½ kg de masa para tortillas

agua la necesaria

1 taza de manteca

½ cucharadita de sal

2 tazas de frijoles refritos

1 taza de cebolla picada finamente

1 taza de queso fresco rallado

1 taza de salsa verde o roja

Procedimiento

- Revuelva la masa con un poco de agua, una cucharada de manteca y ½ cucharadita de sal, amase hasta que se suavice; tome porciones de 50 g; elabore círculos y, con la mano o con una tortilladora, aplánelos un poco.

- Cuézalos en un comal o sartén a fuego alto, por ambos lados; retírelos y pellizque la orilla hasta formar un borde; fríalos un poco con manteca o aceite caliente por ambos lados (o sumérjalos en manteca caliente y fríalos sobre el comal o sartén).

- Ya fritos, pero aún en el comal, úntelos con una porción de frijoles refritos y agrégueles un poco de cebolla, queso rallado y salsa.

La técnica de pellizcar el borde de la tortilla antes de freírla o tostarla es para que contenga el relleno y la salsa sin riesgo de que se derrame.

Sopes de chicharrón prensado

Ingredientes para 12 sopes

Chicharrón

6 chiles guajillo, asados y desvenados

1 ½ tazas de agua caliente

¼ de cebolla, asada

1 diente de ajo grande, asado

3 jitomates asados

sal al gusto

½ kg de chicharrón prensado, picado finamente

Masa

½ kg de masa para tortillas

agua, la necesaria

Montaje

aceite o manteca, lo necesario

1 taza de frijoles refritos

8 hojas de lechuga fileteadas

½ cebolla, picada finamente

1 taza de queso fresco rallado (opcional)

Procedimiento

Chicharrón

- Remoje los chiles en el agua caliente, licue con la cebolla, el ajo, los jitomates y un poco de sal; lleve al fuego, agregue el chicharrón prensado, mantenga hasta que suelte su grasa (mueva de manera constante para evitar que se pegue), reserve.

Masa

- Mezcle la masa con un poco de agua para que se hidrate y suavice; forme bolas de 40 g y elabore las tortillas a mano o con una tortilladora, sin dejarlas muy delgadas; llévelas al comal caliente; ya que estén semicocidas, retírelas y, con las puntas de los dedos, pellízqueles la orilla para darles forma.

Montaje

- Ponga un poco de aceite o manteca sobre el comal caliente; coloque cada sope, sirva una porción de frijoles y otra de lechuga; sin retirar del comal, agregue chicharrón al gusto, cebolla y queso, retire del comal y sirva.

Los sopes se pueden freír en aceite o manteca, o puede hacerlo sin usar grasa, ya que ésta no es tan necesaria.

Infladas defeñas

Ingredientes para 14 infladas

Guarnición

1 taza de aceite

½ taza de vinagre

1 cucharadita de sal

1 cucharadita de pimienta negra molida

1 lechuga romana chica, fileteada finamente

Masa

250 g de masa para tortillas

100 g de harina

1 huevo

1 cucharada de manteca

½ cucharadita de polvo para hornear

1 cucharadita de sal

175 g de manteca

Acompañamiento

½ taza de frijoles refritos

3 chorizos, picados finamente y fritos

100 g de queso añejo desmoronado

Decoración

2 aguacates, en tiras delgadas

3 chiles chipotle adobados, cortados en tiras

5 rábanos rebanados

Procedimiento

Guarnición

· Mezcle el aceite, el vinagre, la sal y la pimienta, bañe la lechuga y deje marinar, reserve.

Masa

· Revuelva la masa con la harina, el huevo, la manteca, el polvo para hornear y la sal. Cuando esté integrada, extiéndala con un palote o rodillo hasta darle un grosor de medio centímetro.

· Caliente el resto de la manteca, corte la masa en círculos de 6 cm de diámetro, fríalos y escurra en papel absorbente.

Acompañamiento

· Únteles una capa de frijoles, coloque encima la lechuga, agregue el chorizo, espolvoree el queso y decore con las tiras de aguacate, el chile chipotle y los rábanos; sirva de inmediato.

Gorditas de chicharrón

Ingredientes para 10 gorditas

Gorditas

½ kg de masa para tortillas

2 cucharadas de aceite

½ cucharadita de sal

agua la necesaria

250 g de chicharrón prensado picado

Montaje

manteca o aceite lo necesario

Acompañamiento

½ cebolla, picada finamente

3 ramas de cilantro picadas

1 taza de queso rallado

1 taza de salsa verde cocida

Procedimiento

Gorditas

- Revuelva la masa con el aceite y la sal, agregue agua poco a poco y mezcle hasta que obtenga una textura uniforme y suave.
- Forme bolas de 50 g, presióneles el centro con el dedo pulgar para hacer un cuenco, rellene con el chicharrón prensado.
- Cubra con la misma masa, procurando que tenga un grosor considerable; caliente un comal y cuézalas ligeramente por ambos lados.

Montaje

- Caliente la manteca o el aceite y fríalas, escurra en papel absorbente, ábralas por la mitad de manera horizontal, sin partirlas; rellénelas con cebolla, cilantro, queso y salsa, sirva de inmediato.

Se llaman "gorditas" porque las bolitas en que se divide la masa no se aplastan tanto, sólo se presionan ligeramente; el relleno "engorda" la masa, es decir, le da mayor volumen. Las gorditas varían de tamaño, las hay ovaladas desde 5 centímetros hasta los 18.

Molotes veracruzanos

Ingredientes para 16 molotes

Masa

1 plátano macho
½ kg de masa para tortillas
100 g de harina
sal y pimienta al gusto

Relleno

1 taza de frijoles refritos

Montaje

½ ℓ de aceite
1 taza de crema
1 taza de queso añejo rallado

Procedimiento

Masa

· Ase el plátano, pélelo y hágalo puré; revuelva con la masa, la harina, sal y pimienta hasta obtener una mezcla uniforme.

· Con una tortilladora, elabore las tortillas, procure que no queden muy delgadas.

Relleno

· Coloque una porción de frijoles al centro de cada tortilla, extiéndala hacia dos de sus extremos.

· Doble las tortillas hacia adentro desde los lados que no tienen relleno, uno de ellos debe quedar encima del otro.

· Ya en forma de "puro", tome los extremos y dóblelos hacia adentro de manera que cubran por completo el relleno, presione un poco para que se adhieran mejor.

Montaje

· Caliente el aceite y fría los molotes hasta que adquieran un dorado ligero, retire y escurra en papel absorbente.

· Decore con una cucharada de crema y queso espolvoreado, sirva de inmediato.

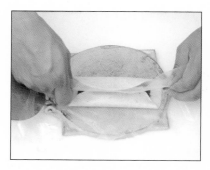
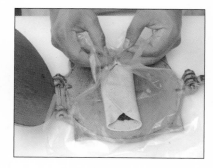

Tlacoyos de frijol y comino

Ingredientes para 20 tlacoyos

Relleno

1 taza de agua

4 chiles ancho, asados y desvenados

3 chiles de árbol asados

½ cucharadita de comino

sal al gusto

aceite, el necesario

2 tazas de frijoles bayos refritos

Masa

1 kg de masa para tortillas

2 cucharadas de manteca

2 cucharadas de agua

½ cucharadita de sal

Acompañamiento

1 taza de salsa verde

1 taza de queso fresco rallado

Procedimiento

Relleno

- Caliente el agua, remoje ambos chiles y el comino hasta que los primeros estén suaves, licue con un poco de sal.
- Caliente aceite y fría lo anterior, añada los frijoles, mezcle y mantenga al fuego hasta formar una pasta homogénea; rectifique la sazón.

Masa

- Revuelva la masa con la manteca, el agua y la sal, elabore bolas de 50 g cada una aproximadamente y aplánelas con una tortilladora.
- Coloque al centro dos cucharadas de frijoles, doble los extremos hacia adentro, procure que le quede una especie de rectángulo.
- Una las puntas para cerrar la masa y cueza los tlacoyos por ambos lados sobre un comal o una sartén caliente hasta que la superficie se empiece a dorar; sirva con la salsa y el queso.

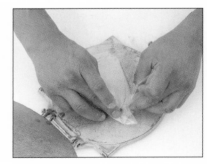

Preparación: 30 min
Cocción: 40 min
Dificultad: 🍳
Costo: ⚖

Tlacoyos tradicionales de haba

Ingredientes para 10 tlacoyos

Habas

½ ℓ de agua

250 g de haba seca

sal y pimienta al gusto

Masa

½ kg de masa de maíz azul

2 cucharadas de aceite

2 cucharadas de agua

sal al gusto

Montaje

manteca, la necesaria

1 taza de salsa roja cocida

1 taza de cebolla picada finamente

1 taza de queso fresco rallado

Procedimiento

Habas

- Caliente el agua y cueza las habas, mantenga al fuego hasta que estén suaves; escurra y prense para hacerlas puré, salpimiente y reserve.

Masa

- Revuelva la masa con el aceite, el agua y un poco de sal; amase hasta obtener una preparación de consistencia homogénea y suave.

- Elabore bolas de 50 g, presiónelas en el centro con su dedo pulgar para formar un cuenco, rellénelas con un poco de pasta de haba, ciérrelas y moldee hasta darle una forma alargada y curva en las puntas.

Montaje

- En un comal a fuego medio, por cada tlacoyo vierta una cucharada de manteca y cuézalos por ambos lados; cuando estén cocidos, báñelos con un poco más de manteca.

- Ponga encima un poco de salsa, de cebolla, de queso y sirva de inmediato.

Pantuflas

Ingredientes para 10 pantuflas

Cebolla

1 cebolla mediana, fileteada

125 ml de aceite

125 ml de vinagre

1 cucharadita de sal

Masa

½ kg de masa para tortillas

1 cucharada de manteca

2 cucharadas de agua

½ cucharadita de sal

1 taza de frijoles refritos

Montaje

manteca, la necesaria

1 taza de guacamole

10 ramas de perejil

Procedimiento

Cebolla

- Revuelva la cebolla con el aceite, el vinagre y la sal, deje macerar durante unos minutos, reserve.

Masa

- Revuelva la masa con la manteca, el agua y la sal; amase hasta obtener una preparación de consistencia homogénea y suave.

- Elabore bolas de 50 g, aplástelas un poco para formar una especie de tortilla, coloque una cucharada de frijoles al centro y ciérrelas, aplane hasta darle una forma alargada pero curva en las puntas.

Montaje

- En un comal a fuego medio, por cada tlacoyo vierta una cucharada de manteca y cuézalos por ambos lados; pártalos a la mitad a lo ancho.

- Con cuidado para no romperlos, levante la parte superior y sirva una porción de guacamole, tape y decore con la cebolla y una rama de perejil.

Me lleva la tostada

Tostadas de pata 46

Tostadas de chile ancho. 48

Tostadas compuestas 50

Tostaditas de tuétano 52

Tostaditas estilo Colima 54

Flautas 56

Pescadillas. 58

Tostadas de pata

Ingredientes para 15 tostadas

Macerado

½ kg de pata de res cocida y picada

250 ml de vinagre

10 hojas de laurel

½ cucharada de orégano seco

3 cebollas medianas cortadas en medias
    lunas

sal y pimienta al gusto

Presentación

15 tostadas

1 taza de frijoles refritos

10 hojas de lechuga orejona, fileteada

1 taza de queso fresco rallado

1 taza de salsa verde cocida

Procedimiento

Macerado

- Al chorro del agua, enjuague y escurra la pata, colóquela en un recipiente hondo, incorpore el vinagre, el laurel, el orégano y las cebollas, salpimiente y deje macerar una noche.

Presentación

- Unte cada tostada con una porción de frijoles, seguida de un poco de lechuga y suficiente pata, decore con el queso y un poco de salsa (opcional).

Preparación: 40 min
Cocción: 5 min
Dificultad: 👨‍🍳
Costo: 📍

Tostadas de chile ancho

Ingredientes para 10 tostadas

Salsa

4 chiles anchos asados

1 taza de agua caliente

1 trozo de cebolla

1 diente de ajo

1 cucharada de vinagre

sal al gusto

Cebollas

1 ½ cucharadas de manteca

6 cebollas cambray, sin rabo

1 zanahoria, pelada y en rodajas delgadas

sal al gusto

Guacamole

1 aguacate grande, la pulpa

½ cebolla picada

1 chile serrano picado finamente

2 ramitas de cilantro picadas finamente

½ limón, el jugo

1 cucharadita de aceite

¼ de cucharadita de sal

Presentación

10 tostadas de 8 cm de diámetro

100 g de queso añejo rallado

Procedimiento

Salsa

• Remoje durante 30 minutos los chiles en el agua, licue con la cebolla, el ajo, el vinagre y sal, reserve.

Cebollas

• Caliente la manteca, incorpore las cebollas y las zanahorias, deje hasta que ambas se acitronen; macháquelas un poco, sazone, retire, deje enfriar y reserve.

Guacamole

• Revuelva el aguacate con la cebolla, el chile y el cilantro; vierta el jugo de limón y el aceite, mezcle, sazone y reserve.

Presentación

• Unte las tostadas con bastante salsa de chile ancho, espolvoréeles el queso, sirva una porción de guacamole y decore con las cebollas.

Tostadas compuestas

Ingredientes para 12 tostadas

Papas

2 papas grandes peladas, cortadas en cubos y cocidas

1 lechuga orejona chica, picada finamente

100 ml de aceite

100 ml de vinagre blanco

½ cucharadita de sal

½ cucharadita de pimienta

Guacamole

1 aguacate grande, la pulpa

½ cebolla picada

2 ramas de cilantro picadas finamente

½ limón, el jugo

1 cucharadita de aceite

¼ de cucharadita de sal

Presentación

12 tostadas

1 taza de frijoles refritos

1 pechuga cocida y deshebrada

Decoración

250 g de queso cortado fresco en bastones

1 lata de chiles chipotle adobados cortados en tiras delgadas

Procedimiento

Papas

· Revuelva las papas con la lechuga, el aceite, el vinagre, la sal y la pimienta, reserve.

Guacamole

· Revuelva el aguacate con la cebolla y el cilantro; vierta el jugo de limón y el aceite, mezcle, sazone y reserve.

Presentación

· Unte cada tostada con una cucharada de frijoles, seguida de una porción de papas y otra de pollo.

· Decore con una cucharada de guacamole, bastones de queso y tiras de chile chipotle, sirva.

Tostaditas de tuétano

Ingredientes para 20 porciones

Salsa

½ kg de tomate verde asado

3 chiles poblano asados, pelados y sin semillas

¼ de cebolla mediana asada

2 dientes de ajo asados

2 ramas de cilantro

1 cucharadita de orégano seco

sal al gusto

aceite, el necesario

agua, la necesaria

Huesos

4 ℓ de agua

½ cebolla

2 dientes de ajo

sal al gusto

8 huesos de res, con tuétano

Presentación

20 tortillas de 8 cm de diámetro

20 cucharadas de aceite

150 g de queso añejo desmoronado

300 g de lomo de cerdo cocido y deshebrado

lechuga romana rebanada finamente

10 rábanos rebanados

Procedimiento

Salsa

· Licue los tomates, los chiles, la cebolla, los ajos, el cilantro, el orégano y sal; caliente un poco de aceite y fría lo licuado, vierta un poco de agua y deje hervir hasta que espese, reserve.

Huesos

· Caliente el agua con la cebolla, los ajos y sal, cueza los huesos hasta que el tuétano esté suave, retire del fuego.

Presentación

· Caliente un comal; aparte, escurra los huesos, extráigales el tuétano y úntelo en las tortillas, coloque éstas sobre el comal con una cucharada de aceite, deje que doren y ponga una capa de queso, una de salsa y una porción de carne, decore con lechuga y rábanos.

Tostaditas estilo Colima

Ingredientes para 12 porciones
Col

•Agua, la necesaria

½ cucharada de sal

2 limones, el jugo

1 col chica, fileteada

Salsa

230 g de jitomate asado

1 cebolla chica asada

1 cucharada de vinagre

1 limón, el jugo

sal y pimienta al gusto

Presentación

150 g de manteca

175 g de lomo de cerdo cocido y cortado
en rebanadas delgadas

12 tostaditas

150 g de frijoles bayos refritos

½ cebolla chica, picada en cubitos

75 g de queso añejo desmoronado

Procedimiento
Col

• Mezcle suficiente agua como para cubrir la col, la sal y el jugo de limón, sumerja la col y deje desflemar durante 3 horas, escurra y reserve.

Salsa

• Muela el jitomate con la cebolla, el vinagre, el jugo del limón, sal y pimienta, procure obtener una salsa espesa, reserve.

Presentación

• Caliente la manteca y fría las rebanadas de lomo hasta que se vean doradas de las orillas, escúrralas en papel absorbente para retirar el exceso de grasa.

• En cada tostadita, unte una capa de frijoles, disponga una porción de lomo, una de col y una de la salsa; decore con la cebolla y el queso.

Flautas

Ingredientes para 20 flautas

Carne

3 cucharadas de aceite

100 g de cebolla blanca, fileteada

1 diente de ajo, picado finamente

100 g de jitomate bola, fileteado

3 ramas de cilantro, picados finamente

750 g de carne de res, cocida y deshebrada

sal y pimienta, al gusto

Presentación

1 kg de tortillas para flauta

aceite, el necesario

Decoración

1 lechuga chica fileteada

250 ml de crema

1 taza de guacamole

250 g de queso fresco rallado

Procedimiento

Carne

- A fuego medio, caliente el aceite y sofría la cebolla hasta que se transparente, agregue el ajo y deje que suelte su aroma.
- Añada el jitomate, el cilantro, la carne y salpimiente; mezcle hasta incorporar, deje freír durante 3 minutos.

Presentación

- En cada tortilla, distribuya de 2 a 3 cucharadas de carne, enróllelas y sujételas con palillos; caliente suficiente aceite y fríalas hasta que se doren, retire y escurra en papel absorbente.
- Sirva una cama de lechuga en cada plato, disponga tres flautas como mínimo, decore con la crema y el guacamole, espolvoree el queso.

Las tortillas para flauta son más delgadas y ovaladas, es necesario solicitarlas con anticipación a la tortillería; si no las encuentra puede utilizar tortillas normales de maíz o de harina.

Preparación: 40 min
Cocción: 10 min
Dificultad: 𝕮
Costo: ⚖ ⚖

Pescadillas

Ingredientes para 18 pescadillas

Relleno

½ kg de cazón picado finamente

250 g de jitomate, picado

1 cebolla, picada finamente

1 chile cuaresmeño, picado finamente

¼ de taza de cilantro, picado finamente

½ cucharadita de sal

½ cucharadita de pimienta

6 tortillas

Montaje

aceite, el necesario

½ taza de mayonesa

½ taza de cilantro picado finamente

½ taza de cebolla picada finamente

1 aguacate cortado en rebanados

9 limones partidos por mitad

salsa roja para cocteles, al gusto

Procedimiento

Relleno

• Coloque el cazón en un recipiente y agregue el jitomate, la cebolla, el chile, el cilantro, la sal y la pimienta, mezcle; coloque una porción en cada tortilla, dóblelas como si fuera una quesadilla y sujételas con palillos.

Montaje

• Caliente abundante aceite, fría las pescadillas hasta que adquieran un tono dorado ligero, retire y escurra en papel absorbente.

• Disponga una cucharada de mayonesa en cada pescadilla, espolvoree el cilantro y la cebolla, decore con las rebanadas de aguacate y sirva acompañadas de ½ limón y la salsa.

Una de cal por dos de harina

Pescaditos rebozados 62

Empanadas de camarón 64

Pastes. 66

Botana norteña. 68

Pambazos 70

Migas al estilo de la colonia Morelos
  (Ciudad de México). 72

Tortas ahogadas 74

Preparación: 20 min
Cocción: 10 min
Dificultad: 👨‍🍳
Costo: 🔺🔺

Pescaditos rebozados

Ingredientes para 8 filetes

Pescado

2 filetes de pescado sierra con piel, cortados en tiras

sal al gusto

Pasta

1 taza de harina de trigo

1 cucharada de polvo para hornear

½ cucharadita de sal

agua la necesaria

Fritura

aceite, el necesario

2 dientes de ajo

Acompañamiento

4 limones partidos por mitad

salsa de botella a gusto

Procedimiento

Pescado

- Espolvoree las tiras de pescado con sal.

Pasta

- Cierna la harina de trigo con el polvo para hornear y ½ cucharadita de sal.
- Vierta suficiente agua hasta obtener una pasta consistente, que no sea espesa.

Fritura

- Caliente bastante aceite, agregue los ajos, deje que se doren y retírelos.
- Pase las tiras de pescado por la pasta una por una y fríalas en el aceite, cuando estén a media cocción, voltéelas.
- Escúrralas sobre papel absorbente y sírvalas acompañadas de limón y salsa.

Empanadas de camarón

Ingredientes para 8

Masa

½ kg de harina + 50 g para extender

1 cucharada de sal

150 g de margarina para hojaldre, a temperatura ambiente

300 ml de agua

50 g de margarina para hojaldre, fundida

Relleno

2 cucharadas de aceite de oliva

1 cebolla grande, picada finamente

2 dientes de ajo, picados finamente

2 chiles serranos picados finamente (sin semillas)

½ kg de camarón pacotilla cocido

sal al gusto

Montaje

½ ℓ de aceite

1 huevo batido

1 aguacate cortado en rebanadas delgadas

Procedimiento

Masa

- Haga una fuente con la harina, coloque la sal en la orilla y la margarina al centro, vierta un poco de agua y amase (añada líquido según lo requiera).

- Amase hasta lograr una masa elástica, espolvoree harina de vez en vez para que no se le pegue en las manos; forme una bola, colóquela en un recipiente, tape y deje reposar durante 10 minutos.

- Enharine una superficie, extienda la masa y forme un rectángulo, unte la mitad del mismo con la margarina fundida, espolvoree un poco de harina y doble a la mitad, refrigere durante 10 minutos.

- Vuelva a enharinar la superficie y extienda la masa hasta obtener 2 mm de grosor; con un aro de 12 cm de diámetro, corte la mayor cantidad de discos posible, reserve.

Relleno

- Caliente el aceite, sofría la cebolla, los ajos y los chiles, mezcle; añada los camarones y sazone, deje cocer de 2 a 3 minutos; reserve.

Montaje

- Caliente el aceite.

- Coloque una porción de relleno en cada disco, barnice la orilla con un poco de huevo y ciérrelos; presione el borde de manera firme para evitar que se abran.

- Fría las empanadas hasta que adquieran una textura dorada uniforme, escúrralas en papel absorbente; para servir, ábralas un poco y decórelas con el aguacate.

Preparación: 2 h 20 min
Cocción: 45 min
Dificultad: 𝅘𝅥 𝅘𝅥
Costo: 🏃 🏃

Pastes

Ingredientes para 20 pastes

Relleno

50 g de mantequilla

1 cebolla mediana, rebanada en medias lunas

2 poros medianos, picados finamente o en rebanadas delgadas

230 g de filete de res, picado finamente

2 papas medianas, cortadas en tiritas

2 chiles serrano, cortados en julianas (sin semillas)

50 ml de pulque

sal y pimienta, al gusto

1 cucharadita de perejil picado

Pastes

460 g de harina de trigo

1 cucharadita de sal

1 huevo

155 g de manteca de cerdo

200 ml de pulque

mantequilla para engrasar

1 huevo batido

Procedimiento

Relleno

· Derrita la mantequilla y sofría la cebolla hasta que se transparente; añada los poros, el filete, las papas y los chiles, revuelva; ya que todo esté bien frito, vierta el pulque y salpimiente.

· Cueza hasta que la preparación se reseque y todos los ingredientes se hayan cocido; retire del fuego e incorpore el perejil, deje entibiar.

Pastes

· Cierna la harina y la sal, forme una fuente y, al centro, coloque el huevo, la manteca y el pulque; mezcle hasta lograr una masa uniforme y extiéndala hasta obtener 5 mm de grosor.

· Con un aro de 15 cm de diámetro, corte varios círculos, póngales una porción de relleno y doble como empanadas (selle la orilla); coloque en una charola ligeramente engrasada con mantequilla, deje reposar durante 2 horas en un lugar tibio.

· Precaliente el horno a 200 ºC

· Barnícelos con el huevo y hornéelos durante 30 minutos o hasta que se sientan firmes y tengan un dorado parejo.

Botana norteña

Ingredientes para 3 botanas

Rajas

2 cucharadas de aceite

1 cebolla mediana cortada en rebanadas

4 chiles poblanos asados, desvenados y cortados en rajas pequeñas

sal al gusto

Gringas

6 tortillas de harina

300 g de queso Chihuahua rallado

300 g de chorizo frito y desmenuzado

Procedimiento

Rajas

• Caliente el aceite, fría la cebolla hasta que se transparente, agregue las rajas y sazone, cueza hasta que se cuezan por completo, retire y reserve.

Gringas

• Caliente una tortilla de harina (de preferencia en comal), coloque encima una porción de queso y una de chorizo, cubra con otra tortilla.

• Cuando se empiece a dorar, voltee y deje hasta que ambas tortillas tengan una textura crujiente; retire y sirva de inmediato con un poco de las rajas encima.

Preparación: 30 min
Cocción: 20 min
Dificultad: 👨‍🍳
Costo: 👤

Pambazos

Ingredientes para 6 pambazos

Salsa

1 ½ tazas de agua

8 chiles guajillo sin rabo, venas ni semillas

1 diente de ajo grande

¼ de cebolla

sal al gusto

Relleno

6 trozos de chorizo o longaniza (de 3 cm c/u, aprox.)

3 papas chicas, cocidas, peladas y prensadas

sal al gusto

Presentación

6 panes para pambazo, abiertos por la mitad

½ taza de aceite

1 taza de frijoles refritos

Acompañamiento

100 g de lechuga orejona, fileteada

1 taza de queso añejo rallado

1 taza de crema espesa

Procedimiento

Salsa

- Caliente el agua y cueza los chiles, el ajo y la cebolla hasta que los primeros se suavicen; licue con un poco del agua de cocción y sal hasta obtener una salsa tersa, cuele y reserve.

Relleno

- Retire la piel de los chorizos, fríalos en una plancha hasta que estén dorados, (deshágalos durante su cocción); agregue las papas y revuelva, rectifique la sazón en caso necesario.

Presentación

- Sumerja cada pan en la salsa de guajillo hasta que se pinten por fuera, fría en aceite hasta que doren ligeramente, unte el interior de la base con una cucharada de frijoles, seguida de una porción de papas con chorizo.

- Agregue lechuga, queso y crema al gusto, tape con la otra mitad y sirva.

Si los quiere un poco más dorados, una vez que les ha puesto todo el relleno, cuézalos un poco más en la plancha volteándolos para que también se dore la tapa.

Migas al estilo de la colonia Morelos (Ciudad de México)

Preparación: 30 min
Cocción: 3 h
Dificultad: 🎩🎩
Costo: ⚖⚖

Ingredientes para 20 porciones

Cocción previa

5 ℓ de agua

1 cebolla mediana, partida por la mitad

4 dientes de ajo

3 kg de huesos de cerdo, limpios

1 kg de espinazo de cerdo, lavado y troceado

Salsa

10 chiles guajillo sin venas, asados y remojados en agua o caldo caliente que los cubra

2 dientes de ajo

1/8 de cebolla

Cocción

7 bolillos partidos por la mitad

agua la necesaria

5 cucharadas de aceite

1 cebolla mediana, partida en octavos

5 dientes de ajo pelados

1 kg de longaniza, partida en trozos

3 ramas de epazote

Presentación

orégano seco

limones partidos, al gusto

chile de árbol, cascabel o piquín, frito

popotes

ajos, pelados y casi quemados en aceite

Procedimiento

Cocción previa

- Un día antes, caliente el agua y cueza la cebolla, los ajos, el espinazo y los huesos hasta que todo esté suave, reserve.

Salsa

- Licue los chiles con un poco del líquido de remojo, los ajos y la cebolla, cuele y reserve.

Cocción

- Coloque los bolillos en un recipiente hondo y cúbralos con agua, déjelos reposar.

- En un recipiente hondo, caliente el aceite, sofría la cebolla y los ajos, agregue la longaniza y el epazote; incorpore la salsa, los bolillos, la carne y los huesos; sazone (no deje hervir mucho, ya que se pegan al fondo del recipiente).

Presentación

- Sirva con un hueso o un trozo de espinazo, acompañados de un poco de orégano, jugo de limón y chile (no olvide el popote partido a la mitad para extraer el tuétano de los huesos).

La cocción de 3 horas es para los huesos… ésta se puede reducir a 1 hora si se lleva a cabo en olla de presión.

72   UNA DE CAL POR DOS DE HARINA

Tortas ahogadas

Ingredientes para 10 tortas

Pan
10 birotes o bolillos horneados ligeramente

Carne
800 g de maciza, lomo o pierna de cerdo
agua, la necesaria
1 cebolla, partida en dos
3 dientes de ajo
1 hoja de laurel
1 cucharadita de orégano
sal al gusto

Caldillo
½ taza de agua
1 ½ kg de jitomate, troceado y asado
1 ½ cebollas, troceadas y asadas
2 dientes de ajo asados
1 cucharadita de orégano seco
sal al gusto

Salsa
100 g de chile de árbol, asado y sin semillas
1 taza de agua
½ taza de vinagre blanco
sal al gusto

Procedimiento

Pan
· Parta los birotes por la mitad a lo largo pero sin desprenderlos por completo, reserve.

Carne
· Cueza la carne en suficiente agua junto con la cebolla, los ajos, el laurel y el orégano, sazone y deje hervir hasta que la carne esté suave y se deshebre con facilidad, reserve.

Caldillo
· Caliente el agua y cueza los jitomates, las cebollas, los ajos y el orégano, retire, deje entibiar, licue con un poco de sal y cuele; reserve a temperatura ambiente.

Salsa
· Licue los chiles con el agua, el vinagre y sal, reserve.

Presentación
· Rellene los birotes con carne, colóquelos en un plato y bañe con el caldillo.
· Sirva la salsa por separado.

A falta de pan... tortillas

Tacos de canasta 78

Tacos al pastor 82

Tacos de rellena. 86

Tacos de canasta

Ingredientes para 100 tacos

2 ½ kg de tortillas del número 14

Chicharrón prensado

4 jitomates medianos, asados

¼ de cebolla mediana, asada y troceada

1 diente de ajo, asado

4 chiles guajillo, asados, sin venas ni semillas desvenados y despepitados

agua, la necesaria

250 g de chicharrón prensado

sal al gusto

Frijoles con chilorio

20 g de mantequilla

¼ de taza de cebolla picada finamente

50 g de chilorio

1 taza de frijoles refritos, negros o bayos

½ taza de caldo de pollo o agua

sal y pimienta, al gusto

Papas con chorizo

3 cucharadas de aceite

3 cucharadas de cebolla picada finamente

250 g de chorizo, picado en trocitos

200 g de papa cocida y prensada

sal y pimienta al gusto

Procedimiento

Chicharrón prensado

- Licue los jitomates, la cebolla, el ajo y los chiles con un poco de agua (si es necesario); fría el chicharrón, cuando suelte un poco de grasa, vierta la salsa colada, sazone; hierva hasta que el líquido se reduzca a la mitad, reserve.

Frijoles con chilorio

- Derrita la mantequilla y acitrone la cebolla, agregue el chilorio, los frijoles y el caldo, salpimiente y mezcle, cueza hasta que los frijoles se resequen bastante (evite que se quemen), reserve.

Papas con chorizo

- Caliente el aceite y acitrone la cebolla, agregue el chorizo, cuando suelte un poco de grasa, incorpore las papas, mezcle hasta integrar, salpimiente y rectifique la sazón, reserve.

Salsa base

3 chiles guajillo, sin venas ni semillas

1 taza de agua caliente

¼ de cebolla mediana troceada

1 diente de ajo

sal y pimienta al gusto

Engrasante

1 ½ tazas de aceite

250 g de longaniza o chorizo, en rebanadas
    delgadas

Canasta

6 pliegos de papel de estraza

1 canasta mediana

1 rollo de plástico adherente

2 plásticos de 1 m de largo cada uno

½ m de jerga

1 rollo de papel aluminio

2 pliegos de plástico, del tamaño de la
    boca de la canasta

Salsa base

• Remoje los chiles en el agua hasta que se suavicen; lícuelos con la cebolla, el ajo y un poco del agua de remojo; cuele a un recipiente a fuego medio, salpimiente y deje hervir; retire y reserve.

Engrasante

• Caliente el aceite a fuego bajo y fría las rebanadas del embutido; cuando estén doradas (casi quemadas), retire y cuele; reserve el líquido.

Canasta

• Doble un pliego de papel en cuatro, colóquelo en el fondo de la canasta; doble cuatro pliegos a la mitad y ponga cada uno en las paredes interiores, deje una pestaña para que pueda darle la vuelta hacia fuera.

• Doble un pliego más en cuatro y colóquelo de nuevo en el fondo para tapar los dobleces previos; forre la parte externa de la canasta con el plástico adherente, procure que el papel no se mueva.

• Disponga un plástico en el fondo (mantendrá calientes los tacos); acomode la jerga de manera que pase de un lado a otro; coloque el otro plástico sobre ésta, de manera que cubra la canasta por dentro y que sobre un poco.

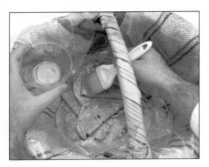

Elaboración

- Caliente la salsa base, el engrasante y uno de los rellenos, también ponga a calentar una sartén; coloque dos tortillas en una de sus palmas (la que va a rellenar y otra para no quemarse).

- Meta la tortilla por uno de sus lados en la salsa base pero no la sumerja por completo, retire y pásela al engrasante, hágalo muy rápido, para evitar que se remoje demasiado.

- Coloque la tortilla sobre la sartén caliente, deje freír durante un par de segundos, girándola con los dedos para que se engrase por completo; regrésela a la tortilla que tiene en la mano.

- Disponga una cucharada de relleno, dóblela a la mitad para cerrarla y presione un poco para darle forma al taco; repita el proceso con todas las tortillas y los rellenos.

Acomodo

- Coloque los tacos empezando por una de las esquinas de la canasta y de ahí distribúyalos por capas; cada que ponga una serie de tacos, barnícelos ligeramente con el engrasante.

- Cuando haya terminado con un guiso, coloque una cubierta de plástico, dejando una pestaña que le permita levantarlo y tener acceso a los tacos del fondo.

- Acomode los tacos con el segundo guisado, repitiendo los pasos anteriores, cuando haya terminado de acomodarlos, cúbralos con un plástico adicional y el sobrante de jerga para mantenerlos calientes

Si la canasta es grande y la variedad de guisos es amplia, haga separaciones verticales con papel aluminio y acomódelos formando torres con los mismos.

Tacos al pastor

Ingredientes para 10 kg

3 ½ kg de tortillas del número 10

Carne

10 chiles guajillo
2 tazas de agua
300 g de achiote
100 ml de vinagre
½ cebolla mediana, asada
4 dientes de ajo, asados y pelados
2 cucharaditas de comino
sal al gusto
8 kg de cabeza de lomo, en bisteces
    delgados
1 kg de lardo

Armado

1 piña grande, pelada
1 cebolla grande
la carne macerada
4 cebollas grandes, fileteadas

Procedimiento

Carne

- Retírele el rabo a los chiles, ábralos por la mitad y quíteles las venas y las semillas; caliente el agua y remójelos hasta que se suavicen; desbarate el achiote en el vinagre y reserve ambos.

- Licue la cebolla, los ajos, el comino, el achiote, los chiles, un poco del agua de remojo y sal hasta obtener una salsa espesa pero tersa.

- Vierta en un recipiente amplio, sumerja la carne y el lardo, tape y déjelos reposar en refrigeración de 30 minutos como mínimo hasta 8 horas, de preferencia.

Armado

- Retire la espada del trompo e inserte la cebolla entera hasta la base de ésta; encienda la brasa y reserve.

Montaje

1 manojo de 5 cm de diámetro de cilantro, picado finamente

2 cebollas medianas, picadas finamente

Material específico

trompo (espada, brasa y plancha)

cuchillo de chef o taquero

espátula o cuña con mango

- Escurra una pieza de carne macerada, dóblela en tres y ensártela por el centro en la espada, bájela hasta donde está la cebolla.

- Para formar la base, repita el procedimiento alternando con la cebolla fileteada y el lardo, presione la carne para evitar que quede floja.

- Vaya engrosando de manera gradual el trompo: insertando las piezas de carne dobladas a la mitad y luego casi extendidas, algunas incluso sin ensartar.

- Presione cada vez, procure irle dando una forma similar a un rombo o a un trompo (de ahí su nombre).

- Regrese la espada a su lugar, inserte la piña hasta arriba y deje cocer la carne de manera paulatina, girándola para que se selle lo más parejo posible.

Montaje

- Disponga un recipiente con aceite caliente sobre la plancha o recolecte la grasa que va cayendo de la carne, reserve caliente.

- Cuando la carne esté sellada (se vea dorada o ligeramente carbonizada en la superficie), córtela de arriba hacia abajo con el cuchillo y sosténgala con la espátula.

- Ya que tenga una cantidad suficiente de carne, colóquela sobre la plancha caliente para que se acabe de freír, píquela un poco más si así lo considera necesario.

- Con la grasa caliente reservada, remoje las tortillas por un sólo lado y caliéntelas junto con la carne; voltéelas para que se calienten por el otro lado.

- Empalme un par de tortillas, utilícelas para tomar una porción de carne, voltee y acomódelas en un plato hasta hacer 5 tacos, distribúyales un poco de cilantro y cebolla picados, así como un trocito de la piña que se está asando en la espada; acompañe con salsa.

Tacos de rellena

Ingredientes para 20 tacos

250 g de manteca

1 kg de rellena en trozos pequeños

3 cebollas medianas, fileteadas

12 chiles cuaresmeño rojos, sin venas ni
semillas y cortados en rajas

3 ramas de hierbabuena (sólo las hojas)

5 ramas de cilantro (sólo las hojas)

sal al gusto

½ kg de tortillas frescas

Procedimiento

· Caliente la manteca y fría la rellena, retire y reserve; en la misma grasa, fría las cebollas hasta que se transparenten, agregue los chiles (procure que no se doren).

· Agregue la rellena, la hierbabuena y el cilantro; sazone y mezcle; sirva en las tortillas frescas.

Los placeres de la carne

Carnitas. 90

Birria 92

Cochinita pibil. 94

Carnitas

Ingredientes para 5 kilos

Carnitas

6 kg de manteca de cerdo, aproximadamente

2 naranjas, el jugo

2 naranjas, partidas en cuartos

4 ℓ de agua

1 taza de refresco de naranja

sal de mar de grano, de preferencia de Michoacán

1 manojo pequeño de hierbas de olor frescas

8 pimientas gordas enteras

5 kg de carne de cerdo surtida (maciza, costilla, buche, nana, etc.)

Presentación

2 kg de tortillas frescas

15 ramas de cilantro, fileteadas finamente

2 cebollas medianas, picadas finamente

1 ℓ de salsa verde o roja

Material específico

quemador

cazo de cobre de 60 cm de diámetro

pichancha

trinche

pala de madera

Procedimiento

Carnitas

- Caliente la manteca en un cazo de cobre, ya sea fría o fundida; agregue el jugo y los cuartos de naranja, vierta el agua.

- Añada el refresco, sal de grano, las hierbas de olor, las pimientas y la carne; mezcle de vez en vez hasta que el líquido se reduzca y la carne se empiece a freír.

- Retire la hierbas de olor antes de que se quemen, así como la carne que ya esté cocida (como la nana y el cuerito, que son más rápidas de cocer) vaya colocándola en la pichancha o en una coladera para que escurra el exceso de grasa.

Presentación

- Una vez cocida y dorada toda la carne, escúrrala, píquela y sírvala en tacos, acompañados de un poco de cebolla, cilantro y salsa.

Birria

Ingredientes para 8 porciones

Salsa

½ ℓ de pulque

4 chiles ancho, asados y sin venas ni semillas

6 chiles cascabel, asados y sin semillas

6 chiles catarino, asados y sin semillas

3 dientes de ajo asados y pelados

¼ de cebolla mediana, asada

6 pimientas gordas, tostadas ligeramente

2 clavos tostados ligeramente

¾ de cucharadita de comino tostado ligeramente

3 jitomates guajes medianos, asados

sal al gusto

Carne

1 kg de retazo de cordero, en trozos

1 kg de maciza de cordero, en trozos

Material específico

olla de presión de 8 ℓ de capacidad

Procedimiento

Salsa

- Caliente el pulque y cueza los chiles, los ajos, la cebolla y las especias; hierva hasta que los chiles se suavicen, pele los jitomates y lícuelos con lo anterior y sal hasta obtener una salsa homogénea.

Carne

- Bañe la carne con la salsa, tape con plástico y deje marinar en refrigeración durante una hora como mínimo.

- Acomode una rejilla en una olla y vierta agua hasta casi tocarla; coloque la carne con la salsa, tape y cueza a fuego alto, cuando salga el vapor, ponga la válvula y cueza a fuego medio durante una hora.

- Destape y retire la rejilla, desmenuce la carne y déjela hervir hasta que se desbarate, verifique el sabor y sirva.

Sirva la carne con el caldo y acompañe con cebolla picada, orégano y limón al gusto; si no consigue pulque, coloque un pedazo pequeño de penca de maguey asada sobre la carne.

Preparación: 8 h 30 min
Cocción: 1 h 30 min
Dificultad: 👨‍🍳
Costo: 🔺🔺🔺

Cochinita pibil

Ingredientes para 8 porciones

Salsa

2 tazas de jugo de naranja agria
3 dientes de ajo
10 pimientas gordas
$\frac{1}{8}$ de cucharadita de comino
1 cucharada de orégano
200 g de achiote en pasta
sal al gusto

Cebolla

1 cebolla morada grande, fileteada
2 chiles habaneros, en rodajas
4 limones, el jugo
½ taza de vinagre blanco
1 cucharada de orégano
sal al gusto
½ taza de aceite de oliva
4 pimientas gordas, quebradas
6 hojas de laurel

Carne

½ cabeza de cerdo, troceada sin hueso
   (2 kg aprox.)
2 ½ kg de pulpa de cerdo
Hojas de plátano

Material específico

1 charola honda o pavera
papel aluminio

Procedimiento

Salsa

- Licue el jugo de naranja, los ajos, las pimientas, el comino, el orégano, el achiote y sal; vierta sobre la carne y revuelva hasta cubrirla por completo.

Cebolla

- Revuelva la cebolla, los chiles, el jugo de limón, el vinagre, el orégano y sal, mezcle ligeramente y reserve.

- Caliente el aceite sin quemarlo, incorpore las pimientas y el laurel, mueva y deje al fuego por un minuto; cuando esté perfumado y condimentado, viértalo a la cebolla, mezcle hasta incorporar y deje macerar por 30 minutos.

Carne

- A fuego directo, ase las hojas hasta que estén flexibles y cambien ligeramente de color (evite quemarlas); acomódelas en el interior de la charola, deje un rebase para cubrir la carne; distribuya ésta de manera alternada.

- Tape con los rebases de las hojas (sin dejar huecos); marine en refrigeración durante 8 horas como mínimo; forre la charola con papel aluminio y hornee durante 1 ½ horas o hasta que la carne esté cocida y muy suave.

- Destape la carne, sirva una porción en cada plato y decore con las cebollas preparadas.

Índice

Birria 92

Botana norteña 68

Carnitas 90

Chalupas poblanas verdes y rojas 8

Cochinita pibil 94

Empanadas de camarón 64

Flautas 56

Garnachas de albañil. 24

Gorditas de chicharrón. 34

Infladas defeñas 32

Migas al estilo de la colonia Morelos
   (Ciudad de México). 72

Molotes veracruzanos 36

Pambazos 70

Pantuflas 42

Panuchos acapulqueños. 12

Panuchos tradicionales. 10

Pastes 66

Pellizcadas 28

Pescadillas 58

Pescaditos rebozados 62

Quesadillas de flor de calabaza 18

Quesadillas de frijol y longaniza 22

Quesadillas gracianas 20

Quesadillas potosinas 16

Salbutes chilangos 14

Sopes de chicharrón prensado 30

Tacos al pastor 82

Tacos de canasta 78

Tacos de rellena 86

Tlacoyos de frijol y comino 38

Tlacoyos tradicionales de haba 40

Tortas ahogadas 74

Tostadas compuestas 50

Tostadas de chile ancho 48

Tostadas de pata 46

Tostaditas de tuétano 52

Tostaditas estilo Colima 54